Disney

Donald Duck
SEIN LEBEN, SEINE PLEITEN

COMIC COLLECTION

EGMONT

Unsere Bücher finden Sie im
Buch- und Fachhandel und auf

www.egmont-shop.de

„Donald Duck – Sein Leben, seine Pleiten"

Originalausgabe

Mit einem Vorwort von Gerd Syllwasschy

Übersetzungen der Geschichten:
Michael Bock, Michael Czernich, Peter Daibenzeiher, Dr. Erika Fuchs,
Fabian Gross, Julia Heller, Dorit Kinkel, Manuela Kraxner, Michael Nagula,
Gudrun Penndorf M.A. („Donald, die Verkaufskanone"),
Sérgio Presta, Jano Rohleder, Gerlinde Schurr u. a.

© 2022 Disney Enterprises, Inc.
Deutschsprachige Ausgabe erschienen in der
Egmont Comic Collection
verlegt durch Egmont Verlagsgesellschaften mbH,
Alte Jakobstr. 83, 10179 Berlin

3. Auflage
Verantwortlicher Redakteur: Fabian Gross
Korrekturen: Jano Rohleder
Lettering: Eleonore Spindelböck
Coverillustration: Daan Jippes
Gestaltung: Wolfgang Berger
Koordination: Manuela Rudolph
Printed in the EU
ISBN 978-3-7704-3912-6

Alles rund um Entenhausen:
www.egmont-shop.de
www.egmont-comic-collection.de
@egmont_comic_collection

Die Egmont Verlagsgesellschaften gehören als Teil der Egmont-Gruppe zur
Egmont Foundation – einer gemeinnützigen Stiftung, deren Ziel es ist, die sozialen,
kulturellen und gesundheitlichen Lebensumstände von Kindern und Jugendlichen zu
verbessern. Weitere ausführliche Informationen zur Egmont Foundation unter
www.egmont.com

INHALT

Held der Arbeit 5

Pleiten, Jobs und Pannen 12
Meister der Margarine 13
Der unwürdige Neffe 27
Nur ein armes kleines Würstchen 37
Selbst ist der Mann 49
TV Duckvision: Der Knüller 59
Donald, die Verkaufskanone 67
Pyramiden mit Pfiff 93
TV Duckvision: Das Fernsehgenie 105
Kampf den Schwänzern 115
Lampen lauern überall 125
Ein Kindheitstraum 135
Rührei 153
TV Duckvision: Detektive auf Zack! 163
Der Held der Lüfte 171
Alte Schulden, neues Jahr 185
Pension Duck 197
Ein freier Tag 207
Fröhliches Landleben 215

Ein Meister seines Fachs 224
Der Landschaftsarchitekt 225
MUB 235
Die schwarze Suppe 249
Bitte recht freundlich! 259
Der Klangfänger 267
Rate mal! 291
Glück und Glas 301

Das verkannte Genie 306
Donald, der Herr über alle Geschöpfe 307
Die Soße macht's 317
In der schaurigen Schummerhöhle 327
Kleinkunst auf der Straße 337
Das Technikgenie 345
Wehe dem, der Schulden macht! 355
Ein wahrer Held 365

Quellenverzeichnis 412

HELD DER ARBEIT

Berühmte erste Worte. „Hot dogs!" piepst uns Micky Maus in dem Zeichentrickfilm *The Karnival Kid* von 1929 entgegen. Der stets tatkräftige Mäuserich hat auf einer Kirmes einen Würstchenstand eröffnet und preist nun lauthals seine Waren an.

Anders dagegen Donald Duck. In dessen Leinwanddebüt *The Wise Little Hen* quakt es wesentlich defensiver aus den Lautsprechern: „Who, me? Oh, no! I got a belly-ache." Soeben wurde der Erpel nämlich von einer gewissen Mrs. Hen um Hilfe bei der Gartenarbeit angegangen und sucht sich nun unter Verweis auf akutes Magendrücken seinen nachbarlichen Pflichten zu entziehen.

Doch was da drückt, ist beileibe nicht der Magen, sondern dessen Besitzer sich vor der Arbeit. Donald Duck und die Arbeit, das ist nämlich im Grunde ein Gegensatzpaar. Ducks Vorstellung von einer sinnvollen Tagesbeschäftigung besteht eher darin, sich in den weichen Ohrensessel zu kuscheln, die Füße gegen ein knisterndes Kaminfeuer gereckt, gute Lektüre und ein gutes Tässchen Tee in Griffweite – oder des Sommers sich in die Hängematte zu fläzen, wobei ein Krug eisgekühlter Limonade nicht fehlen darf.

Karriereplanung ist also Ducks Sache nicht. Doch der Erpel lebt nicht von Licht und Luft allein. Die Miete will bezahlt sein und der Kühlschrank gefüllt, und hin und wieder brauchen die Kinder neue Zahnbürsten. Auf Unterstützung durch den Erbonkel braucht man nur begrenzt zu hoffen, und so führt am Geldverdienen kein Weg vorbei. Vorbei die Zeiten, in denen er mit seinen Kumpels Carioca und Pistoles um die Welt ziehen konnte, nichts im Kopf außer fröhliche Lieder! In der Geschichte *Ein freier Tag* sehen wir, dass Donald Duck durchaus verantwortungsbewusst geworden ist und sich, wenn auch widerwillig, dem Ernst des Lebens verschreibt.

Entenhausen ist durch seine Meereslage ein internationaler Handelsstandort mit entsprechend gut ausgebautem Produktions- und Dienstleistungssektor. Arbeitssuchende können es sich leisten, wählerisch zu sein. Reißen alle Stricke, so bleibt Duck immer noch der Rückgriff auf eine nicht sehr anspruchsvolle und entsprechend schlecht vergütete, aber immerhin regelmäßige Tätigkeit als Münzpolierer im Geldspeicher seines Onkels Dagobert oder als Fließbandarbeiter in der Entenhausener Margarinefabrik. Letztere Beschäftigung gilt

mittlerweile als eine Art Markenzeichen Donalds, und so wird sie auch in diesem Band gebührend präsentiert. Wie es dazu kam, ist ein Kuriosum. In der Carl-Barks-Geschichte *Der Weg zum Ruhm* leiden die Neffen darunter, dass ihr Onkel lediglich „delivery boy for a skunk oil factory" ist, also einen Arbeitsplatz hat, über den das Volk buchstäblich die Nase rümpft. Einem Redakteur bei Gutenberghus (heute Egmont), dem in Kopenhagen ansässigen Mutterhaus des Ehapa-Verlags, kam das „Stinktieröl" offenbar etwas suspekt vor und er ersetzte es durch ein ihm wohl gleichermaßen widerlich erscheinendes künstliches Streichfett. So kam Donald Duck 1955 nicht nur in Deutschland, sondern auch in Skandinavien zu seinem ersten Job in der Margarinefabrik – und in späteren Jahrzehnten sollten bei Egmont noch zahlreiche weitere Geschichten rund um diese Beschäftigung entstehen, die meist von dem chilenischen Zeichner Vicar in Szene gesetzt wurden.

Solche Eingriffe in den Originaltext und teilweise auch in die Originalzeichnungen waren in den 1950er-Jahren übrigens nichts Seltenes. Nach Gutenberghus-Doktrin lag Entenhausen nicht explizit in den USA und so betrieb man eine weitgehende Entamerikanisierung. Aus Halloween wurde – wie's gerade passte – der Rosenmontag oder die Walpurgisnacht, aus einem Valentinsgruß eine Geburtstagskarte. Hamburger mutierten zu belegten Brötchen und der Thanksgiving-Truthahn zur Weihnachtsgans. Ungeachtet dessen fand man im unmittelbaren Umkreis Entenhausens noch den einen oder anderen Indianer oder Berglöwen, was aber das Weltbild der damaligen Jugend nicht weiter erschütterte. Heute, im Zeitalter der Globalisierung, sieht man das alles ohnehin nicht mehr so eng.

Doch zurück zu Fließbandarbeiter Duck. Man kann eigentlich nicht sagen, dass ihn eine Anstellung als Margarinepacker oder dergleichen heillos überfordert, aber länger als eine Woche hält er selten die Monotonie einer solchen Tätigkeit aus. Ähnlich verhält es sich mit Arbeiten im Staatsdienst, wo ein bescheidenes, aber beständiges Auskommen zu erwarten ist. So arbeitet Duck wiederholt bei der Post als Zusteller und einmal sogar bei der

Bahn als Stationsvorsteher. Öfter verschlägt es ihn auch in den Polizeidienst, am liebsten nicht in der Großstadt, sondern in der freien Natur bei den Mounties oder Rangers, wie wir etwa in Brancas *Ein Kindheitstraum* sehen. Einige Male hat Duck auch die typisch amerikanische Tätigkeit eines Schulpolizisten oder „truant officer" ausgeübt, wie ein Beispiel in diesem Band zeigt. Es muss ihm eine besondere Genugtuung gewesen sein, für die handfeste Ausübung seines Erziehungsrechts gegenüber den Neffen auch noch bezahlt zu werden! Doch mit einem beamtentauglichen Sitzfleisch ist er nicht gesegnet und so hält es ihn nie lange genug im Dienst, um sich irgendwelche Pensionsansprüche zu erwerben. Duck braucht ein Ziel – eine Herausforderung, wie man so schön sagt. Und von wem wurde er öfter herausgefordert als von seinen gewitzten Neffen Tick, Trick und Track?

Dass diese trotz ihres jungen Alters schon über einen Geschäftssinn verfügen, der den ihres Onkels oft übersteigt, beweisen unter anderem die Enden der Geschichten *Fröhliches Landleben* und *Ein wahrer Held* in diesem Band. Dennoch lässt sich Donald immer gerne auf einen Wettstreit mit seinen drei Jungs ein. Im Barks-Klassiker *Die Macht der Töne* eifern sie beispielsweise als Vertreter darum, die wenigen Bewohner des nördlichen Kanadas ausgerechnet mit Dampforgeln und Kosmetika zu beglücken. In diesem Fall kann Duck einmal triumphieren – auch finanziell, anders als bei den diversen intrafamiliären Wettbewerben, etwa im Schwimmen oder im Eislaufen, bei denen es nicht mal den sprichwörtlichen Blumentopf zu gewinnen gibt. Dieser Aspekt ist für Duck in solchen Fällen auch eher nebensächlich, vorrangig geht es darum, den Gegner in seine Schranken zu verweisen.

Man sieht: Ist es nicht das liebe Geld, das ihn aus seiner Hängematte treibt, dann ist es der Ehrgeiz, der den meist arbeitsscheuen Erpel beizeiten doch packt. Wenn sich beides, die Aussicht auf schnelles Geld und Glorie, vereinen lässt, umso besser. Denn Duck verfügt zwar über keine richtige Berufsausbildung, aber über eine ausgeprägte Fantasie und ein noch ausgeprägteres Selbstvertrauen. Eine Geschäftsidee jagt die andere und wird in Blitzesschnelle umgesetzt. In *Selbst ist der Mann* zieht Duck nach oberflächlicher Lektüre eines Do-it-yourself-Buchs eine Reparaturwerkstatt auf, in *Die Soße macht's* sieht er sich nach kurzer Einarbeitung in das Handwerk des Würstchengrillens zu einer Laufbahn in der Sterneküche berufen. Duck versteht sich zu verkaufen, keine Frage, doch letztlich überschattet bei ihm der Schein das Sein. Der Leser ahnt schon, dass solche Hochstapelei nicht auf Dauer gut gehen kann.

Dabei ist nicht einmal zwangsläufig bewusste Verbrauchertäuschung im Spiel. Immer wieder kommt es zur Katastrophe, weil Duck zwar

besten Willens ist, die Folgen seines Handelns aber nicht bis ins Letzte durchdenkt. In *Rührei* betreibt er eine Hühnerfarm und hat damit auf den ersten Blick durchaus Erfolg. Sein Federvieh produziert gigantische Mengen von Eiern. Jedoch hat Duck es übersehen, geeignete Lagerstätten zu schaffen, und so kommt es zu einer Eierlawine, die den unterhalb der Farm gelegenen Ort Freudenbad von einem blühenden Dorf in eine Wüstung verwandelt.

In anderen Fällen mangelt es einfach an Informationen. In *Kein Meister fällt vom Himmel* verdrückt sich Ducks Ausbilder, Bäckermeister Bullerjahn, für eine Woche zu seiner Schwiegermutter nach Schwartenkrachdorf. Lehrling Duck zeigt sich durchaus anstellig und kredenzt der Kundschaft Biskuitteig zart wie Zephirsgesäusel. Von einem Großauftrag zeigt er sich jedoch überfordert. Auch sein Improvisationstalent – Käse als Zuckerersatz! – hilft ihm dabei nicht weiter, im Gegenteil.

Man kann dem Herrn Bäckermeister den Vorwurf nicht ersparen, seinen Fürsorgepflichten gegenüber dem Personal nur ungenügend nachgekommen zu sein. Auch in *Donald, der Herr über alle Geschöpfe* aus diesem Band bemüht Duck sich nach allen Kräften, einen guten Job abzuliefern. Doch was nützt aller gute Wille, wenn der Vorgesetzte nicht in der Lage ist, eindeutige Arbeitsanweisungen zu formulieren?

Was Wunder, dass Duck es häufig vorzieht, sich selbständig zu machen. So kann ihm niemand hineinreden, allerdings muss er im Falle eines Misserfolgs auch selbst den Kopf hinhalten. Ein frühes Beispiel hierfür ist die Geschichte *Seemannslos* von 1944. Duck, frustriert von drei Kündigungen in einer Woche, erwirbt einen Frachtkahn und steigt in den internationalen Seehandel ein – zunächst mit 200 Schachteln Veilchenseife, dann mit 50 Sack Bohnen. Leider krankt das Konzept daran, dass Kapitän Duck sowohl die Seetüchtigkeit seines Gefährts als auch die Wasserfestigkeit seiner Handelsware überschätzt. Am Ende muss das gesamte Betriebsvermögen als Totalschaden abgeschrieben werden.

Wie man als Selfmademan eher zum Erfolg kommt, das zeigt Donalds eigener Onkel Dagobert, der Experte im Geldverdienen und -bewaren. Sein Vermögen verdankt er der

Tatsache, dass er a) eisern spart und b) härter als alle anderen arbeitet. „Zäher als die Zähesten", so lautet sein Lebensmotto. Er gönnt sich nichts. Generaldirektor Duck unternimmt zahllose Reisen in alle Winkel der Welt, jedoch nie, um einfach mal an einem sonnigen Strand auszuspannen. Dass jemand „schalen Genüssen" hinterherläuft, wie er es nennt, ist ihm unverständlich. Kein Wunder, dass ihn bei dem Gedanken, ein Verschwender wie Donald Duck könne dereinst seine Fantastilliarden erben, stets ein ungutes Gefühl beschleicht.

Und welches Verhältnis pflegen andere Personen aus Donalds näherem Umfeld zur Arbeit? Neben Dagobert sind auch der Erfinder Daniel Düsentrieb und die Bäuerin Dorette Duck als Workaholics bekannt und auf ihren Gebieten sehr erfolgreich. Womit hingegen Daisy Duck ihr Dasein fristet, ist gar nicht genau bekannt. Sie bewohnt ein recht großzügiges Haus mit einem gepflegten Haushalt, ohne jedoch einer geregelten Beschäftigung nachzugehen. Womöglich eine Leibrente aus dem Nachlass ihrer Großtante Griseldis? Wir können nur spekulieren. Sie ist durchaus aktiv, aber in der Regel ehrenamtlich und zu rein karitativen Zwecken. Aus späterer Zeit sind zwar einige reguläre Tätigkeiten überliefert, etwa als Sekretärin oder – wie wir in diesem Buch sehen – als Redakteurin und Regisseurin bei Dagoberts privatem Fernsehsender, doch diese bleiben letztlich Episode.

Dann wäre da noch Gustav Gans, das Schoßkind des Glücks. Er hat es nicht nur nicht nötig zu arbeiten, er empfindet es als unter seiner Würde, für seinen Lebensunterhalt auch nur einen Finger zu rühren. Den einzigen Kreuzer, den er jemals durch eigener Hände Arbeit verdient hat, verbirgt er schamhaft in einem Tresor. Gustav ist für Donald ein steter Quell des Neides, ein Stachel im Fleisch, der den Erpel immerhin gelegentlich zu Höchstleistungen anspornt.

So sinnt Duck immer wieder auf Möglichkeiten, mit möglichst geringem Einsatz einen möglichst hohen Ertrag zu erwirtschaften. Auf Lotterien und ähnliche Glücksspiele braucht er sich gar nicht erst einzulassen, da befindet er sich auf Gustavs ureigenem Terrain und bekommt keinen Fuß auf den Boden. Anders sieht die Sache bei Kreuzworträtseln aus, wie wir in *Rate mal!* sehen: Geht die Sache Donald auch leicht von der Hand, so ist sie doch mit Arbeit verbunden – mithin etwas, was Gustav nie in den Sinn käme.

Die Episode als Rätselerfinder zeigt: Im Kern ist Duck ein kreativer Typ, dessen Genius leider häufig verkannt wird. In diesem Band sehen wir, wie er weder als Buchautor noch als Alleinunterhalter das ersehnte Ticket zum Ruhm löst, wobei er in letzterem Fall zumin-

dest eine Möglichkeit findet, doch noch Profit aus seiner Situation zu schlagen. Aber auch in einem wenig feingeistigen Job wie dem als Schuldeneintreiber schreibt Duck sich selbst hohe Kompetenz zu. Leider wird sein Konzept, dieser knallharten Aufgabe eine menschliche Note hinzuzufügen, ebenfalls nicht honoriert.

Ja, trotz seiner zahlreichen Talente fällt Donald Duck die Suche nach dem idealen Job schwer. Der Berufsberater Professor Popoff bescheinigt ihm einmal, über den Talentkoeffizienten eines geborenen Schlangenbeschwörers zu verfügen. Aus nervlichen Gründen sieht Duck sich jedoch gezwungen, seine diesbezügliche Karriere an den Nagel zu hängen.

Sein feines musikalisches Gehör kommt ihm auch in *Der Glockendoktor* zupass. Duck versteht es meisterlich, Glocken, Klingeln und Schellen aller Art zu stimmen. Da sich ein Meister des Tons auch mit Misstönen auskennt, gelingt es ihm zudem, durch reine Soundeffekte – in diesem Fall eine Aliquotstimmen-Dissonanz – eine ganze Armee in die Flucht zu schlagen.

Die Geschichte vom Glockendoktor ist übrigens ein Beispiel für ein berühmtes Subgenre, in dem Duck buchstäblich über sich selbst hinauszuwachsen pflegt. Er kniet sich in seine Aufgabe hinein und wird zu einer wahren (und nicht lediglich selbsternannten) Koryphäe auf dem jeweiligen Gebiet. Prägend für diese Facette von Ducks beruflicher Laufbahn war eine Anzahl Geschichten, die Altmeister Carl Barks vor allem in den 1950er-Jahren schrieb und zeichnete. Man fasst diese Ereignisse meist unter dem Begriff „Meister-seines-Fachs"-Geschichten zusammen.

Es ist zweifellos kein Zufall, dass es Barks war, der die schillerndsten Aspekte von Ducks beruflicher Entwicklung ins Spiel brachte. Barks, der wie Duck nie eine abgeschlossene Jobausbildung genoss, hatte bereits ein wechselhaftes Berufsleben hinter sich, als er sich 1935, im Alter von 34 Jahren, beim Disney-Studio bewarb. Schon auf der elterlichen Farm in Oregon musste er häufig mit anpacken und gewann so einen soliden Einblick in die Landwirtschaft. Es folgten Aushilfsjobs in einer Druckerei und als Holzfäller, denen sich mehrere Jahre schwerer körperlicher Arbeit in einem Eisenbahn-Reparaturwerk anschlossen.

1931 stellte ihn eine Zeitschrift in Minneapolis als Autor, Zeichner und Redakteur ein, bevor er sich für den Rest seines Lebens den Ducks verschrieb – zunächst beim Zeichentrickfilm, dann als Comiczeichner und nach Renteneintritt schließlich als Maler.

Aber zurück zu den „Meister-seines-Fachs"-Geschichten. Die erste davon, *Der Regenmacher*, erschien 1953. Duck liefert mit seinem Regenmacherflugzeug Niederschläge jeder gewünschten Art, Form und Menge und in punktgenauer Dosierung. Aus der Landwirtschaft des Großraums Entenhausen ist sein Service bald nicht mehr wegzudenken. Dass er am Ende nach Timbuktu ins Exil reisen muss, ist erwiesenermaßen nicht auf mangelnde Fähigkeiten zurückzuführen, sondern auf die Umtriebe eines kleinen grünäugigen Eifersuchtsteufels, der durch den Anblick des turtelnden Pärchens Daisy und Gustav auf den Plan gerufen wird.

In der Geschichte *Ein Meister seines Fachs* von 1958, die dem ganzen Themenkomplex seinen Namen gab, verschafft Duck sich als Transport- und Umzugsunternehmer einen hervorragenden Ruf – die Neffen bezeichnen ihn gar als „Künstler". Dass er schließlich doch scheitert, hat nicht mangelnde Kenntnis der Materie als Grund, sondern fiese Sabotage durch einen größenwahnsinnigen Indischen Plaudervogel.

In *Der große Zerstörer* von 1962 wirkt Duck als meisterhafter Abbruchunternehmer aktiv an der Gestaltung des Entenhausener Stadtbilds mit. Keine Aufgabe ist ihm zu diffizil, kein Bunker zu massiv. Seine Gussstahlkugel zwingt selbst das alte Fort Fliegentrutz in die Knie. Auch hier scheitert er nicht an eigenem Versagen, sondern an einem renitenten Vertreter der Tierwelt, in diesem Fall einer boshaften Fliege.

In diesem Band abgedruckt ist die Geschichte *Glück und Glas*, in der Ducks handwerkliche Fähigkeiten ebenfalls über jeden Zweifel erhaben sind. Dass es trotzdem zur Katastrophe kommt, ist diesmal keiner Fremdeinwirkung zuzuschreiben, sondern Ducks Drang, seine Talente einer staunenden Öffentlichkeit zu präsentieren.

So erklimmt Duck sisyphosgleich immer wieder den Gipfel höchster Könnerschaft, nur um durch eine unvorhergesehene Kleinigkeit an den ewigen Pranger des Versagens gestellt zu werden. Dennoch lässt er sich nie entmutigen. Mögen ihn die Umstände noch so oft nötigen, im fernen Timbuktu um Exil zu ersuchen – unverdrossen stellt er sich der nächsten Herausforderung.

Um es mit Albert Camus zu sagen: Der Kampf gegen Widrigkeiten vermag ein Entenherz auszufüllen. Wir müssen uns Donald Duck, trotz aller Pleiten, als einen glücklichen Erpel vorstellen.

PLEITEN, JOBS UND PANNEN

Donald Duck
MEISTER DER MARGARINE

Im milden Lichte des lauen Märzenmorgens bringt der fröhliche Landmann frohgemut die Saat aus für die kommende Ernte. Ja, hier sehen wir einen Mann, der seine Arbeit liebt...

Und hier sehen wir einen, der seine Arbeit hasst!

Denk an die Rechnungen, die Miete, unser Taschengeld!

Komm schon, Onkel Donald! Du hast keine Wahl!

Du musst zur Arbeit gehen!

Nein! Bitte! Ach, es gibt kein Mitleid auf dieser Welt!

Seufz! Wieder ein furchtbar fader Tag am Fließband. Ich weiß nicht, wie lang ich das noch aushalte.

MARGARINEFABRIK ENTENHAUSEN

Donald Duck
DER UNWÜRDIGE NEFFE

SELBST IST DER MANN

Donald Duck
TV DUCKVISION: DER KNÜLLER

Na, das ist ja eine Überraschung! Damit hatte Donald überhaupt nicht gerechnet und begeistert ist er auch davon ganz und gar nicht. Schließlich geht es darum, einen Job auf Lebenszeit zu bekommen und sich damit einen lang gehegten Kindheitstraum zu erfüllen. Und Donald nimmt seine Aufgaben als Gebirgspolizist sehr ernst. Wie soll er sich da auch noch um drei aufmüpfige Neffen kümmern?

Kann eure Unternehmungslust nur loben, Kinder! Ihr seid doch sicher hungrig?

Und wie! Wir haben schon lange nichts mehr gegessen.

Gleich links hinter dem Hügel ist ein Blockhaus. Da findet ihr alles, um euch Eierkuchen zu backen. Könnt ihr doch wohl, oder?

Aber sicher, Onkel Dagobert!

Komm, Trick!

Beeil dich!

Ob's nicht doch besser gewesen wär, zu Oma zu fahren?

Selber kochen müssten wir da nicht. Das gebe ich zu.

Und was Oma kocht, schmeckt prima!

Nun jammert nicht! Ich rühre den Teig an und backe. Mach du inzwischen Feuer!

Womit denn? Ist ja kein Brennholz da!

Kommt, wir knobeln, wer was Brennbares besorgen muss!

Kurz danach...

Feierabend, Chef!

Ja, und Zahltag! Etwas, was mir immer schwer an die Nieren geht.

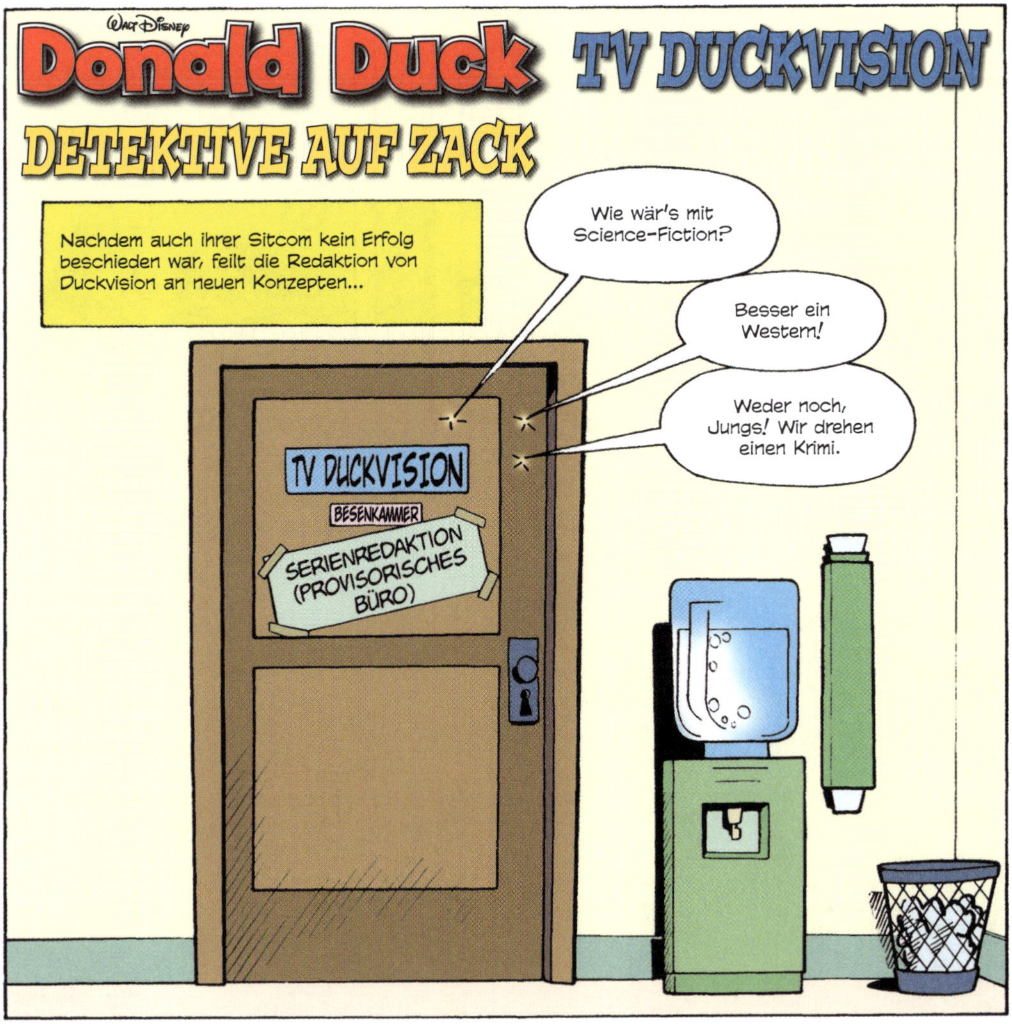

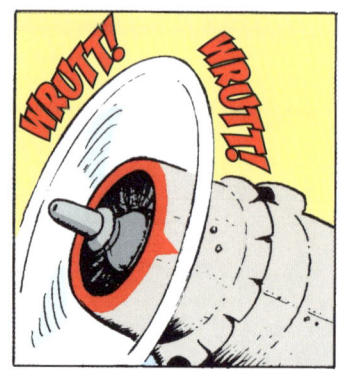

EIN MEISTER SEINES FACHS

233

Und schon eilt Donald zu seinem nächsten Auftrag. Es handelt sich um einen Notfall...

Und so bringt Donald die kleinen Plagegeister in einen der unergründlichen Steinwälder vor den Toren Entenhausens, wo sie kein Unheil mehr anrichten können.

Und so...

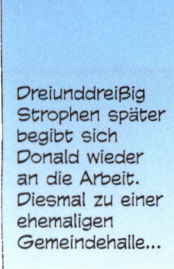

Doch Donald irrt sich gewaltig! Die Bewohner dieses Hauses zeichnen sich durch einen erlesenen Geschmack aus. Davon sind die Fledermäuse nicht ausgenommen...

Und deshalb...

Donald Duck
DIE SCHWARZE SUPPE

Donald Duck
BITTE RECHT FREUNDLICH!

Donald Duck
RATE MAL!

DAS VERKANNTE GENIE

DONALD, DER HERR ÜBER ALLE GESCHÖPFE

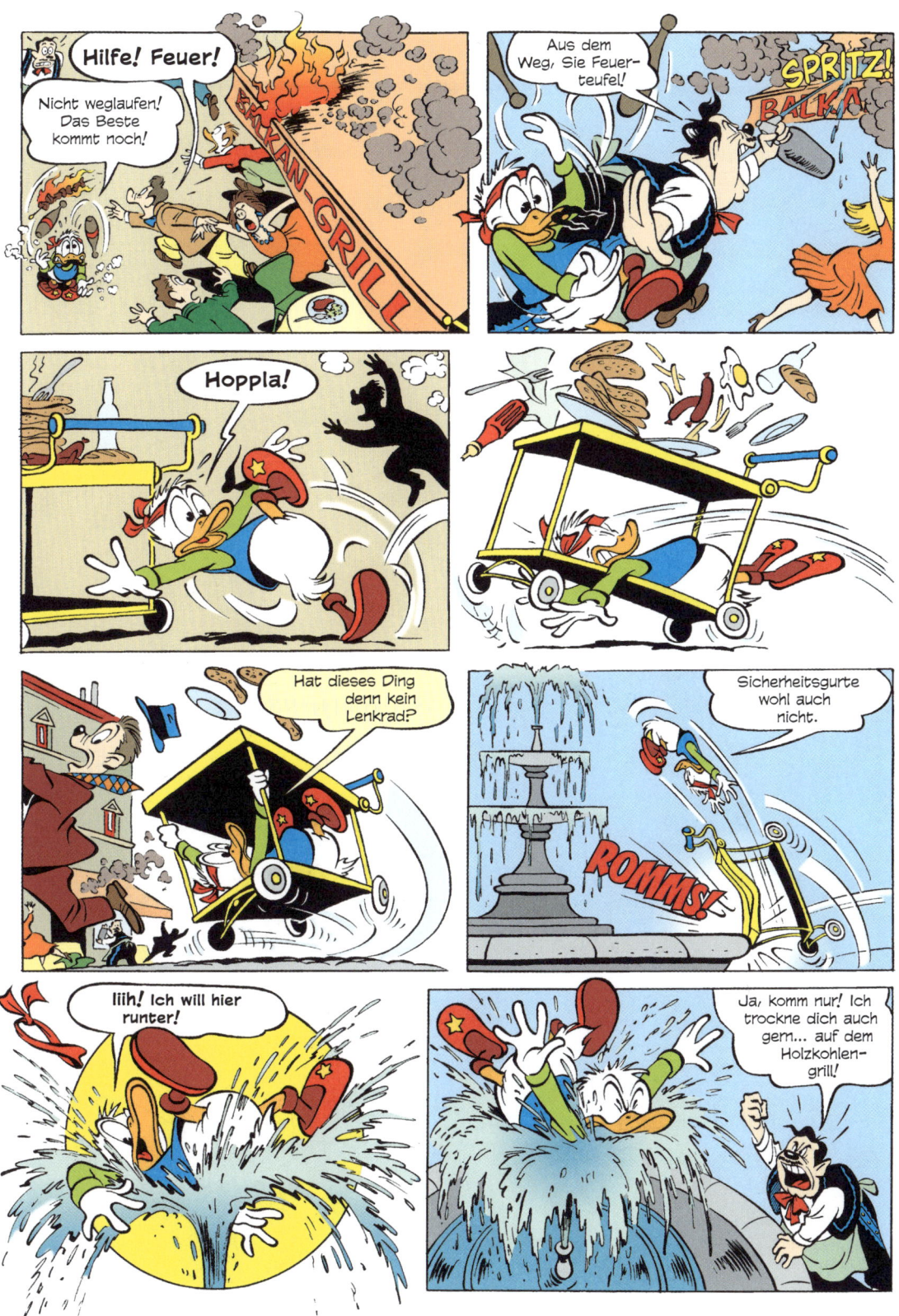

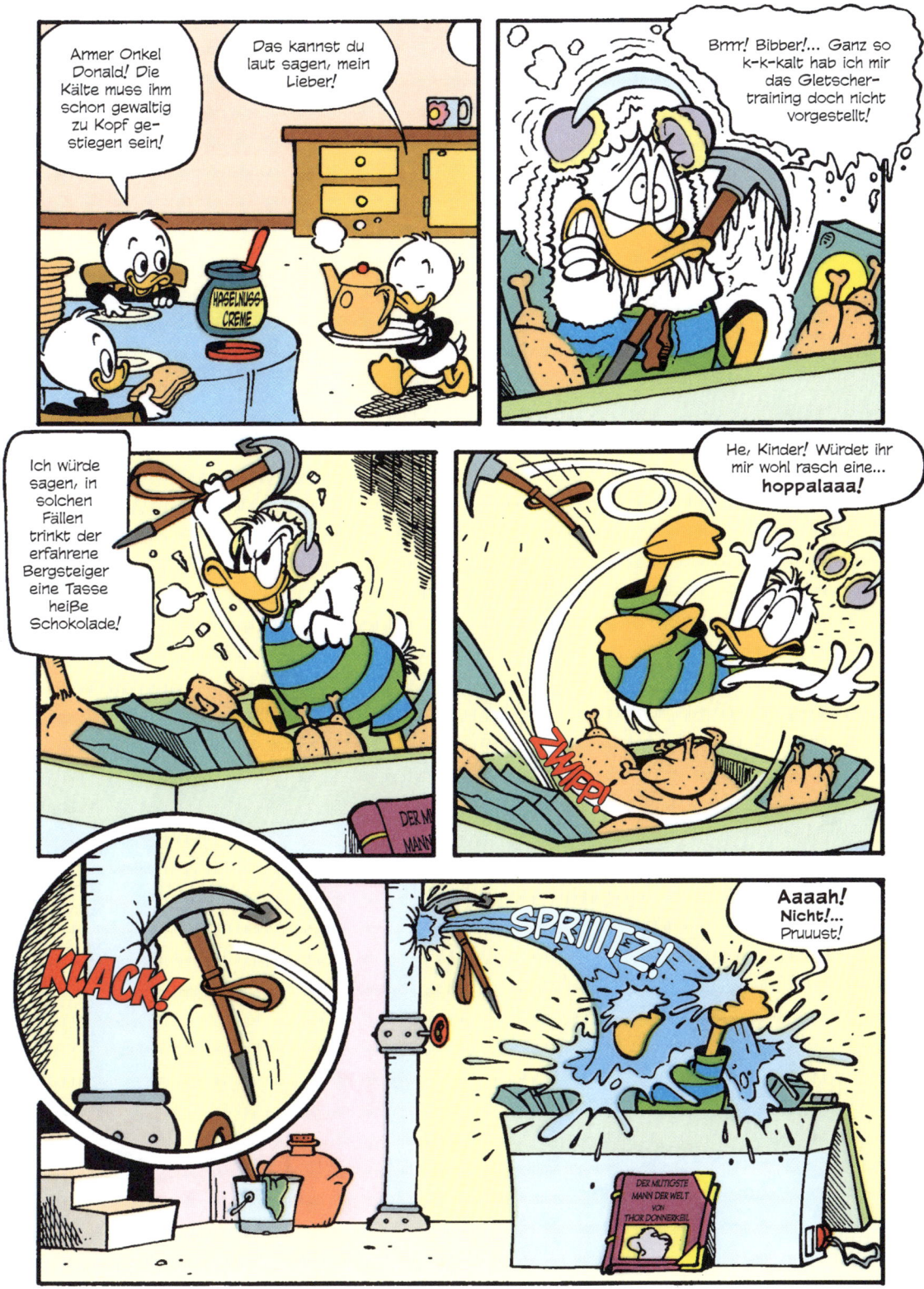

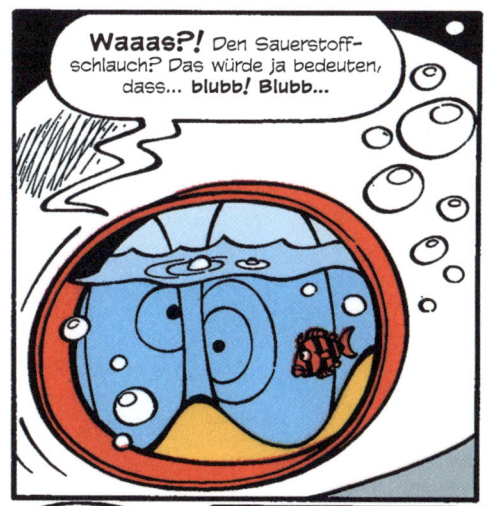

QUELLENVERZEICHNIS

Meister der Margarine (D 2001-121)
Originaltitel: Margarine Of Error
Szenario von Carol und Pat McGreal
Zeichnungen von Vicar
Übersetzung von Peter Daibenzeiher
Erstveröffentlichung:
Mickey Mouse 06/2002, 15. März 2002 (Rumänien)
Deutsche Erstveröffentlichung:
Micky Maus 11/2003, 4. März 2003

Der unwürdige Neffe (W WDC 269-02)
Originaltitel: A Matter of Factory
Szenario und Zeichnungen von Carl Barks
Übersetzung von Dr. Erika Fuchs
Erstveröffentlichung:
Walt Disney's Comics and Stories 269,
Februar 1963 (USA)
Deutsche Erstveröffentlichung:
Micky Maus 42/1963, 19. Oktober 1963

Nur ein armes kleines Würstchen (KD 3690)
Originaltitel: Just A Humble, Bumbling Duck!
Szenario und Zeichnungen von William van Horn
Übersetzung von Peter Daibenzeiher
Erstveröffentlichung:
Donald Duck Adventures 13, Juni 1991 (USA)
Deutsche Erstveröffentlichung:
Micky Maus 51/1992, 10. Dezember 1992

Selbst ist der Mann (W WDC 161-01)
Originaltitel: Fix-up Mix-Up
Szenario und Zeichnungen von Carl Barks
Übersetzung von Dr. Erika Fuchs
Erstveröffentlichung:
Walt Disney's Comics and Stories 161,
Februar 1954 (USA)
Deutsche Erstveröffentlichung:
Micky Maus 09/1954, 25. August 1954

Der Knüller (S 68207)
Originaltitel: The New Show
Szenario von Dick Kinney
Zeichnungen Tony Strobl
Tuschereinzeichnung von Ellis Eringer
Übersetzung von Fabian Gross
Erstveröffentlichung:
Topolini 711, 13. Juni 1969 (Italien)
Deutsche Erstveröffentlichung der vollständigen Geschichte. Eine sechsseitige Fassung erschien in Micky Maus 11/1975, 15. März 1975

Donald, die Verkaufskanone (I TL 524-A)
Originaltitel: Paperino e i calendari omaggio
Szenario von Abrama und Giampaolo Barosso
Zeichnungen von Romano Scarpa
Tuschereinzeichnung von Rodolfo Cimino
Übersetzung von Gudrun Penndorf
Erstveröffentlichung:
Topolino 524, 12. Dezember 1965 (Italien)
Deutsche Erstveröffentlichung:
Lustiges Taschenbuch 23, Februar 1973

Pyramiden mit Pfiff (D 95010)
Originaltitel: Pyramid Selling
Szenario von Charlie Martin
Zeichnungen von Vicar
Übersetzung von Michael Czernich
Erstveröffentlichung:
Kalle Anka & C:o 43/1995, 23. Oktober 1995 (Schweden)
Deutsche Erstveröffentlichung:
Micky Maus 13/1996, 21. März 1996

Das Fernsehgenie (B 880081)
Originaltitel: Um Gênio Na TV
Szenario von Arthur Faria Jr.
Zeichnungen von Irineu Soares Rodrigues
Übersetzung von Sérgio Presta
Erstveröffentlichung:
Margarida 68, Februar 1989 (Brasilien)
Deutsche Erstveröffentlichung

Kampf den Schwänzern (W BTS 1-06)
Originaltitel: Truant Officer Duck
Szeanrio von Carl Fallberg
Zeichnungen von Tony Strobl
Übersetzung von Fabian Gross
Erstveröffentlichung:
Huey, Dewey and Louie Back To School, September 1958 (USA)
Deutsche Erstveröffentlichung

Lampen lauern überall (H 94167)
Originaltitel: Schemerlampen
Szenario von Frank Jonker
Zeichnungen von Mau Heymans
Tuschereinzeichnung von Peter Collé
Übersetzung von Julia Heller
Erstveröffentlichung:
Donald Duck 17/1996, 26. April 1996 (Niederlande)
Deutsche Erstveröffentlichung:
Micky Maus 08/2000, 17. Februar 2000

Ein Kindheitstraum (D 3651)
Originaltitel: Donald Duck Gets A Job With
The Mountain Police
Zeichnungen von Daniel Branca
Erstveröffentlichung:
Kalle Anka & C:o 20-22/1983, 18./25. Mai und 1. Juni
1983 (Schweden)
Deutsche Erstveröffentlichung:
Micky Maus 21-23/1983, 24./31. Mai und 7. Juni 1983

Rührei (W WDC 146-01)
Originaltitel: Omelet
Szenario und Zeichnungen von Carl Barks
Übersetzung von Dr. Erika Fuchs
Erstveröffentlichung:
Walt Disney's Comics and Stories 146, November 1952
(USA)
Deutsche Erstveröffentlichung:
Micky Maus 07/1953, Juli 1953

Detektive auf Zack (B 930136)
Originaltitel: Pena & Pato, Detetives De Fato!
Szenario von Arthur Faria Jr.
Zeichnungen von Luiz Podavin
Tuschereinzeichnung von Átila de Carvalho
Übersetzung von Sérgio Presta
Erstveröffentlichung:
Margarida 210, September 1994 (Brasilien)
Deutsche Erstveröffentlichung

Der Held der Lüfte (D 96264)
Originaltitel: Forced Air-Ace
Szenario und Zeichnungen von Marco Rota
Übersetzung von Michael Nagula
Erstveröffentlichung:
Kalle Anka & C:o 31/1997, 25. Juli 1997 (Schweden)
Deutsche Erstveröffentlichung:
Micky Maus 26/1998, 25. Juni 1998

Alte Schulden, neues Jahr (D 96122)
Originaltitel: New Year's Debt
Szenario von Pat McGreal
Zeichnung von Vicar
Übersetzung von Michael Nagula
Erstveröffentlichung:
Micky Maus 01/1997, 27. Dezember 1996
(Deutschland)

Pension Duck (H 82106)
Originaltitel: Abenteuerurlaub
Szenario von Volker Reiche
Zeichnungen von Freddy Milton
Übersetzung von Michael Nagula
Erstveröffentlichung:
Donald Duck 19/1987, 8. Mai 1987 (Niederlande)
Deutsche Erstveröffentlichung:
Die tollsten Geschichten von Donald Duck
(Sonderheft) 206, 13. Juli 2004

Ein freier Tag (W WDC 50-06)
Originaltitel: The Three Caballeros
Szenario von Chase Craig
Zeichnungen von Carl Buettner
Übersetzung von Fabian Gross
Erstveröffentlichung:
Walt Disney's Comics and Stories 50, November 1944
(USA)
Deutsche Erstveröffentlichung

Fröhliches Landleben (D 97343)
Originaltitel: Hayseed
Szenario von Dave Rawson
Zeichnungen von Francisco Rodriguez Peinado
Übersetzung von Peter Daibenzeiher
Erstveröffentlichung:
Kalle Anka & C:o 19/1998, 30. April 1998 (Schweden)
Deutsche Erstveröffentlichung:
Micky Maus 42/1998, 15. Oktober 1998

Der Landschaftsarchitekt (D 90057)
Originaltitel: Master Landscapist
Szenario und Zeichnungen von Don Rosa
Übersetzung von Jano Rohleder
Erstveröffentlichung:
Anders And & Co. 36/1990, 12. November 1990
(Dänemark)
Deutsche Erstveröffentlichung:
Micky Maus 47/1990, 15. November 1990

MUB (KD 0990)
Originaltitel: It's Bats, Man!
Szenario von John Lustig
Zeichnungen von William van Horn
Übersetzung von Dorit Kinkel
Erstveröffentlichung:
Donald Duck Adventures, November 1990 (USA)
Deutsche Erstveröffentlichung:
Neue Abenteuer der Ducks 7, Juni 1999

Die schwarze Suppe (W WDC 292-01)
Originaltitel: Instant Hercules
Szenario und Zeichnungen von Carl Barks
Übersetzung von Dr. Erika Fuchs
Erstveröffentlichung:
Walt Disney's Comics and Stories 292, Januar 1965 (USA)
Deutsche Erstveröffentlichung:
Micky Maus 06/1966, 5. Februar 1966

Bitte recht freundlich! (H 79017)
Originaltitel: Master Photographer
Szenario von Lars Bergström, Werner Wejp-Olsen und Tom Anderson
Zeichnungen von Ben Verhagen und Daan Jippes
Übersetzung von Peter Daibenzeiher
Erstveröffentlichung:
Donald Duck 19/1979, 28. September 1979 (Niederlande)
Deutsche Erstveröffentlichung:
Micky Maus 50/1998, 10. Dezember 1998

Der Klangfänger (I TL 2472-6)
Originaltitel: Paperino e il sospiro del Sospirionus Rostratus Siberianus
Szenario von Rudy Salvagnini
Zeichnungen von Stefano Initni
Übersetzung von Manuela Kraxner
Erstveröffentlichung:
Topolino 2472, 15. April 2003 (Italien)
Deutsche Erstveröffentlichung

Rate mal! (D 2002-088)
Originaltitel: The Right Word
Szenario von Per Hedman
Zeichnungen von Vicar
Übersetzung von Michael Bock
Erstveröffentlichung:
Kalle Anka & C:o 41/2002, 7. Oktober 2002 (Schweden)
Deutsche Erstveröffentlichung:
Micky Maus 03/2003, 9. Januar 2003

Glück und Glas (W DD 68-04)
Originaltitel: The Master Glasser
Szenario und Zeichnungen von Carl Barks
Übersetzung von Dr. Erika Fuchs
Erstveröffentlichung:
Donald Duck 68, November 1959 (USA)
Deutsche Erstveröffentlichung:
Micky Maus 22/1960, 28. Mai 1960

Donald, der Herr über alle Geschöpfe (W WDC 192-01)
Originaltitel: The Master
Szenario und Zeichnungen von Carl Barks
Übersetzung von Dr. Erika Fuchs
Erstveröffentlichung:
Walt Disney's Comics and Stories 192, September 1956 (USA)
Deutsche Erstveröffentlichung:
Micky Maus 13/1957, 19. Juni 1957

Die Soße macht's (H 80011)
Originaltitel: King of Sauces
Szenario von Eirik Ildahl, Daan Jippes und Freddy Milton
Zeichnungen von Daan Jippes und Freddy Milton
Tuschereinzeichnung von Freddy Milton
Übersetzung von Peter Daibenzeiher
Erstveröffentlichung:
Donald Duck 37/1980, 12. September 1980 (Niederlande)
Deutsche Erstveröffentlichung:
Die tollsten Geschichten von Donald Duck (Sonderheft) 176, 13. November 2001

In der schaurigen Schummerhöhle (D 94207)
Originaltitel: From Wince We Came
Szenario und Zeichnungen von William van Horn
Übersetzung von Peter Daibenzeiher
Erstveröffentlichung:
Kalle Anka & C:o 40/1995, 2. Oktober 1995 (Schweden)
Deutsche Erstveröffentlichung:
Micky Maus 45/1995, 2. November 1995

Kleinkunst auf der Straße (D 10098)
Originaltitel: The Busker
Szenario von Mike Sharland und Tom Anderson
Zeichnungen von Daniel Branca
Erstveröffentlichung:
Micky Maus 21/1990, 17. Mai 1990 (Deutschland)

Das Technikgenie (H 78dd01b)
Originaltitel: De supertechnicus
Szenario von Thijs Buijs
Zeichnungen von Daan Jippes
Tuschereinzeichnung von Ben Verhagen
Übersetzung von Peter Daibenzeiher
Erstveröffentlichung:
Donald Duck 01/1980, 4. Januar 1980 (Niederlande)
Deutsche Erstveröffentlichung:
Die tollsten Geschichten von Donald Duck (Sonderheft) 167, 10. Mai 2000

Wehe dem, der Schulden macht! (W WDC 124-02)
Originaltitel: Billions To Sneeze At
Szenario und Zeichnungen von Carl Barks
Übersetzung von Dr. Erika Fuchs
Erstveröffentlichung:
Walt Disney's Comics and Stories 124, Januar 1951 (USA)
Deutsche Erstveröffentlichung:
Micky Maus 23/1990, 31. Mai 1990

Ein wahrer Held (D 93368)
Originaltitel: Hail the Conquering Duck
Szenario von Michael T. Gilbert
Zeichnungen von Flemming Andersen
Übersetzung von Gerlinde Schurr
Erstveröffentlichung:
Lustiges Taschenbuch 202, 8. November 1994 (Deutschland)

Bleistiftentwurf und getuschte, unkolorierte Originalzeichnung des Titelbildes von Daan Jippes.

Unsere BLOCK-Buster!

Ziegelsteindicke Sammelalben zur berühmtesten Entenfamilie der Welt.

Walt Disney
Der Stammbaum der Ducks
ISBN 978-3-7704-4038-2
400 Seiten, gebunden

Walt Disney
Phantomias – Schatten über Entenhausen
ISBN 978-3-7704-4059-7
400 Seiten, gebunden

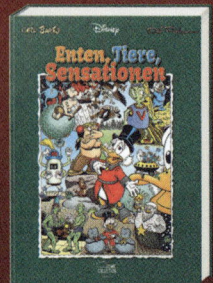

Carl Barks / Don Rosa
Enten, Tiere, Sensationen
ISBN 978-3-7704-3956-0
416 Seiten, gebunden

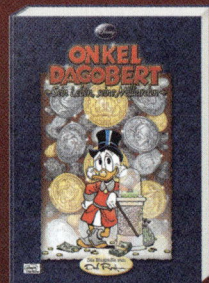

Don Rosa
Onkel Dagobert – Sein Leben, seine Milliarden
ISBN 978-3-7704-3245-5
496 Seiten, gebunden

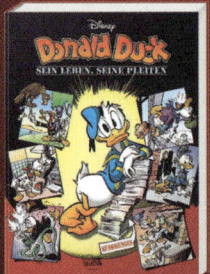

Walt Disney
Donald Duck – Sein Leben, seine Pleiten
ISBN 978-3-7704-3912-6
416 Seiten, gebunden

Walt Disney
Schnabel um Schnabel
ISBN 978-3-7704-3978-2
400 Seiten, gebunden

Weitere Bände erhältlich!

www.egmont-comic-collection.de

EGMONT